# Prix de 1,000 francs

## POUR UN OUVRAGE POPULAIRE

### EN FRANÇAIS ET EN ARABE-ALGÉRIEN

DESTINÉ AUX HABITANTS DES POSSESSIONS FRANÇAISES DANS LE NORD
DE L'AFRIQUE.

---

## PROGRAMME, ET NOTES DE M. DUTRONE.

---

## PROGRAMME.

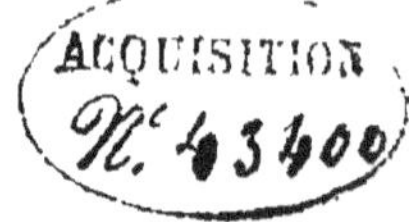


Monsieur Dutrône ayant proposé un prix de 5oo fr.
pour un ouvrage populaire, propre à répandre l'usage
des langues arabe et française parmi les colons et
indigènes de l'ancienne régence d'Alger, M. le Ministre de l'instruction publique a voulu s'associer à
cette pensée utile, et a ajouté une autre somme de
5oo fr. à celle offerte par M. Dutrône.

La Commission chargée de rédiger un programme
de prix a cru devoir adopter, pour l'emploi de ces
sommes, la division suivante :

1° Une médaille d'or de la valeur de 2oo fr. pour
un précis élémentaire de grammaire arabe-algérienne,
rédigé en frança is;

2° Une médaille d'or de la valeur de 3oo fr. pour
un recueil de phrases et dialogues, par ordre de matières, en français et en arabe-algérien ;

3° Une médaille d'or de la valeur de 2oo fr. pour un
double dictionnaire très abrégé, français et arabe-algérien d'une part, arabe-algérien et français, de l'autre ;

4° Une médaille d'or de la valeur de 300 fr. pour un précis élémentaire de grammaire française, rédigé en arabe-algérien.

L'on est libre de concourir pour un seul, pour plusieurs, ou pour la totalité de ces prix.

Le Gouvernement fera imprimer à ses frais, dans le même format et de manière à pouvoir être réunis, les travaux auxquels les prix auront été décernés. On en tirera mille exemplaires (1). Le Gouvernement s'en réservera un quart, et distribuera les trois autres entre les auteurs, proportionnellement à la valeur des médailles obtenues.

Le recueil de phrases et dialogues devra fournir

(1)      *A M. Dutrône, conseiller à la cour royale d'Amiens.*

Paris, le 12 octobre 1835.

Monsieur, M. le baron Sylvestre de Sacy a informé mon prédécesseur de l'offre généreuse que vous avez faite, et à laquelle s'est associé M. le ministre de l'instruction publique, pour procurer aux habitants de l'ancienne régence d'Alger, tant français qu'indigènes, des livres populaires destinés à répandre parmi eux la connaissance de leur langue respective. Il a joint à cette communication le projet du programme du concours rédigé par la Commission dont il est président, et auquel je ne puis que donner toute mon adhésion.

L'administration de la guerre n'a pas dû rester étrangère aux encouragements à accorder à une publication qui l'intéresse plus particulièrement qu'aucune autre, et j'ai la satisfaction de vous annoncer qu'elle se chargera de faire imprimer à ses frais, au nombre de mille exemplaires, les ouvrages qui auront paru à la Commission remplir les conditions du concours. Je vous autorise à comprendre cette faveur au nombre des avantages offerts aux concurrents.

Il m'a été agréable de pouvoir seconder ainsi vos louables efforts pour les progrès de l'instruction publique et le rapprochement des populations dans nos possessions du nord de l'Afrique.

Recevez, Monsieur, l'assurance de ma considération distinguée,

*Le maréchal, ministre de la guerre,*
Maréchal MAISONS.

environ une centaine de pages, et le double dictionnaire abrégé au plus cent cinquante pages d'impres-
sion in-8°.

Tous les mots arabes du recueil de phrases et dialogues, du dictionnaire abrégé, et du précis de grammaire
arabe-algérienne, seront écrits en caractères arabes et
accompagnés d'une transcription en lettres françaises.

Les mots français cités comme exemples dans le
précis de grammaire française, rédigé en arabe, seront
écrits en caractères français, et pourront être accompagnés, si les auteurs le jugent à propos, d'une transcription en caractères arabes, qui indiquera la pronon-
ciation d'une manière aussi approchante que possible.

Quant au choix des matières qui composeront le
recueil de phrases et dialogues, la Commission pense
qu'il serait utile, non-seulement de faire entrer dans
ce travail toutes les phrases nécessaires pour satisfaire
aux besoins de la vie et du commerce social, mais
aussi d'y traiter des sujets propres à faire bien sentir
aux Arabes tous les avantages qu'ils peuvent retirer de
leurs relations avec les Français, et à détruire les pré-
ventions qui les éloignent encore de nous : elle re-
commande surtout aux concurrents d'éviter tout ce
qui pourrait blesser la population indigène dans ses
idées religieuses.

On pourra, au reste, parfaitement comprendre l'es-
prit dans lequel il importe que ce recueil soit rédigé,
en lisant les développements publiés, sur l'invitation
de la Commission, par M. Dutrône, qui a conçu la
pensée première de ce concours (*voy.* pag. 5).

Les manuscrits devront être envoyés à M. Cassin,

secrétaire adjoint de la Commission, rue Taranne, n° 12, avant le 31 décembre 1836.

Les concurrents ne se nommeront pas d'avance; chacun d'eux placera en tête de son ouvrage une épigraphe, qui sera répétée avec son nom dans un billet cacheté. Ils sont invités à tirer un récépissé en déposant leur ouvrage.

## MEMBRES DE LA COMMISSION.

SILVESTRE DE SACY, *président*, membre de l'institut, pair de France.

BAUDE, député, membre de la commission d'Alger.

BIANCHI, secrétaire-interprète du Roi pour les langues orientales.

CARNOT, *secrétaire*, membre de la Société d'Instruction Élémentaire.

CASSIN, *secrétaire adjoint*,          id.

CAUSSIN DE PERCEVAL, *rapporteur*, professeur d'Arabe vulgaire au collége royal de France.

COUSIN (VICTOR), membre de l'Institut, pair de France.

DELAPORTE, ancien consul de France dans les États Barbaresques.

DELBECQUE, député, chef du personnel au ministère de l'instruction publique.

DEMOYENCOURT, chef d'institution.

DUBOIS, député, inspecteur général des études.

DUCHATEL, député, ancien officier d'état-major à Alger.

DUREAU DE LA MALLE, membre de l'Institut.

DUTRONE, conseiller à la cour royale d'Amiens, membre de la Société d'Instruction Élémentaire.

FEELMAN, sous-chef du bureau d'Alger, au ministère de la guerre.

GARCIN DE TASSY, professeur à l'école des langues orientales.

GÉNIE, chef du cabinet du ministre de l'instruction publique.

GENTY DE GUSSY, ancien intendant civil à Alger.

GILLON, député.

JAUBERT (AMÉDÉE), président de la Société Asiatique de Paris.

JOMARD, membre de l'Institut.

JOUANNIN, premier secrétaire interprète du Roi.

PARAVEY, chef du bureau d'Alger, au ministère de la guerre.

TAILLANDIER, vice-président de la Société d'Instruction Élémentaire, conseiller à la cour royale de Paris.

A. THAYER, directeur de la Compagnie Algérienne de colonisation.

# NOTES VERBALES

## COMMUNIQUÉES A LA COMMISSION

### PAR M. DUTRONE,

LORS DE LA DISCUSSION DU PROGRAMME.

Messieurs,

Je dois tout d'abord vous exprimer ma gratitude, pour l'indulgence avec laquelle vous avez accueilli le modeste projet que j'ai conçu, et pour votre empressement à en favoriser la réalisation.

Cet empressement, Messieurs, la protection aussi éclairée que puissante dont M. le Ministre de l'instruction publique veut bien encourager nos travaux, et le zèle habile de l'administration de la guerre pour l'enseignement dans l'ancienne Régence, me font pressentir que la civilisation de l'Afrique devra sans doute, à votre Commission, plus que l'essai dont nous avons à nous occuper en ce moment... De toutes les facultés de mon ame je bénis ces heureux présages.

Par votre concours, Messieurs, l'œuvre qui fait l'objet de notre réunion atteindra certes un degré de perfection que, dans les premiers instants de mon projet, je n'osais point espérer pour elle ; car les écrivains qui s'en occuperont seront puissamment stimulés par le désir de se montrer dignes de leurs juges.

Le faisceau de connaissances qu'offre votre Commission ne nous fera point oublier qu'aujourd'hui nous avons seulement à tracer le programme, non pas d'un livre répondant à la juste renommée de votre savoir, mais d'un livre qui satisfasse aux besoins de deux populations qui sont en présence et doivent sans retard entrer, par le langage, en rapport direct sur les différents détails de la vie commune.

Au reste, Messieurs, la science n'est point complètement désintéressée dans cette publication imparfaite. Lorsqu'il aura été satisfait aux besoins du langage vulgaire, on pourra plus facilement prendre le temps nécessaire pour satisfaire convenablement aux besoins du style littéraire. D'une autre part, les écrivans philanthropes, qui s'occuperont de l'œuvre provisoire que je sollicite, rencontreront souvent des difficultés dont la solution n'appartiendra qu'à la science proprement dite ; si, pour le moment, ils s'empresseront de passer outre à la présentation du livre populaire dont le besoin excusera l'imperfection, ils tiendront note de ces difficultés, et ces notes seront de précieux matériaux pour des travaux définitifs que vous pourrez avouer, Messieurs, non plus seulement comme philanthropes, mais aussi comme savants, parce qu'ils auront reçu tous les soins que vous êtes dans l'habitude d'apporter au culte de la science.

Vous avez bien voulu, Messieurs, lire ma lettre en date du lazaret de Toulon. Quoique les cadres que j'y ai tracés pour les vocabulaires et les précis de grammaire soient extrêmement étroits, les considérations que je viens d'indiquer vous porteront peut-être à y avoir quelque égard dans le programme que vous allez arrêter ; je m'en remets à votre sagesse et à votre expérience.

Vous aurez, Messieurs, à prononcer sur une question fort délicate ; celle de savoir avec quels caractères certaines parties de l'ouvrage devront être imprimées.

L'expérience le prouve, les adultes, qui dans leur enfance ont appris à lire et à écrire, ne descendent pas une seconde fois à cette étude, sans éprouver une répugnance extrême et souvent invincible : aussi voyons-nous le plus habituellement employer en France les caractères français pour écrire l'arabe, et la typographie elle-même fournit des exemples semblables. Nous ne sommes pas les seuls qui procédions ainsi ; pendant les deux années, où je me suis occupé en Grèce de la propagation du français, j'ai remarqué beaucoup de Grecs écrivant notre langue avec leurs caractères helléniques. D'un autre côté, il est reconnu qu'un idiome perd toujours à ce travestissement introduit par la répugnance que l'on éprouve, dans l'âge mûr, à redevenir écolier de lecture ou d'écriture. Au milieu de ces exigences contraires, il ne faut pas perdre de vue que l'ouvrage, que nous désirons, est destiné autant à la vie pratique des adultes qu'aux études des enfants. Je penserais donc qu'il devrait réunir pour certaines parties, ici l'arabe écrit en caractères arabes, puis en caractères français, et là le français écrit en caractères français, puis en caractères arabes.

Voici comment je comprends cette justification.

Dans le précis de grammaire rédigé en arabe, pour l'étude du français, le texte serait exclusivement en caractères arabes ; les mots français seraient seuls en caractères français et en caractères arabes. Dans le précis de grammaire rédigé en français pour l'étude de l'arabe, les mots arabes seraient seuls en caractères arabes et en caractères français. L'on voit que pour cette partie l'augmentation de texte serait peu de chose. Elle serait plus sensible dans les vocabulaires et les dialogues. Mais il aurait été satisfait à toutes les exigences ; si bien, qu'un Français et un Arabe, ignorant complètement la langue l'un de l'autre, mais dont un saurait lire, pourraient toujours, avec un semblable *vade-mecum*, s'entendre facilement en y donnant quelque soin.

Dans ma lettre du 26 novembre, par laquelle j'ai indiqué combien me paraissait nécessaire l'ouvrage dont vous consentez, Messieurs, à vous occuper, j'ai dit que, pour la composition des dialogues, j'espérais plus de la spontanéité des auteurs, que des conseils que je pourrais leur donner ; je persiste dans cette manière de sentir. Toutefois, plusieurs personnes ayant pensé que je devais le faible tribut des impressions que j'ai prises sur les lieux, pour les idées qu'il peut convenir de placer dans ces dialogues, je viens Messieurs, vous les soumettre humblement.

Il me semble donc qu'avant de se livrer à la rédaction de cette partie de l'ouvrage, on devra lire attentivement le Koran et bien étudier les habitudes religieuses des indigènes ; car notre premier devoir envers eux est de respecter leur croyance, et notre écueil le plus redoutable est de la froisser. J'ai remarqué dans le Koran plusieurs sentences qui conviendraient parfaitement, je crois, pour être placées comme épigraphes en tête des dialogues. Il ne faudra point ou-

blier avec quelle haute considération l'on doit y parler des *Marabouts*.

Il conviendra, je pense, de consulter les dialogues
qui ont été faits pour plusieurs langues vivantes ; mais
il faudra dans cette compilation être sobre des textes
relatifs à la vie *confortable*. Les relations qu'il nous
importe le plus d'établir avec les Arabes et les Cabaïles
ressemblent fort peu à celles que nous avons avec les
Anglais, les Allemands ou les Italiens. J'en demande
bien pardon à beaucoup de nos concitoyens d'Afrique ; il m'est impossible de voir, comme eux, la con-
solidation de notre conquête dans l'épanouissement
des habitudes parisiennes entre les murs d'Alger. Des
missionnaires de civilisation, qui vont enrichir de nos
connaissances une population qui y est étrangère, et
lui offrir, sans doute, l'exemple d'une moralité sé-
vère, pure, doivent, pour réussir auprès d'elle, se re-
vêtir le plus possible de ses habitudes extérieures.

Trop de Français qui résident en Afrique ont les
yeux fixés vers les côtes de France, d'Italie et d'Es-
pagne ; trop d'entre eux attachent une importance
majeure aux arrivages qui ont lieu de ces divers points,
pour rendre plus complète la vie parisienne dans la
Régence. C'est vers la plaine, c'est vers l'Atlas qu'il
faut tourner ses regards ! ! ! C'est des tribus qui les
habitent, de leurs usages, de leurs besoins, de leurs
produits, qu'il faut être préoccupé ; car, ainsi que je
l'écrivais d'Alger à M. le président du conseil et au
ministre qui nous donne aujourd'hui l'hospitalité, *les
villes du littoral ne sont que nos débarcadères.*

L'histoire des indigènes fournit des citations qui conviendront à l'interlocuteur français. Il faut dire hautement ce que l'Europe doit à l'Afrique ; ce ne sera que justice, ce n'est que devoir. D'ailleurs, se montrer juste envers la mémoire des pères, est s'acquérir à la reconnaissance de leurs enfants des droits qui jamais ne sont méconnus, surtout chez une nation qui professe pour les morts un si profond respect. L'on devra faire remarquer à l'interlocuteur Cabaïle ou Arabe que si, après avoir emprunté aux Africains, nous sommes maintenant, comparativement à eux, si riches de sciences, d'industrie et de beaux-arts, c'est parce que, à l'inverse d'eux, nous nous sommes, dans toutes ces directions, livrés à l'étude ; c'est parce que, à l'inverse d'eux, nous avons entretenu avec les autres peuples des relations commerciales et scientifiques, par lesquelles nous avons fait l'échange réciproque de nos produits et de nos lumières.

Je crois qu'il conviendra de présenter à l'interlocuteur musulman une esquisse de notre instruction publique. On devra lui faire bien remarquer que chez nous l'enseignement de la religion est séparé des autres. En effet, chez les habitants de la Régence, toutes les études actuelles ont un caractère éminemment religieux, et par suite, ils sont préoccupés de l'idée qu'entrer dans la sphère de notre enseignement, c'est courir les risques de s'acheminer à notre religion. Ainsi, pour ce qui concerne particulièrement l'instruction publique, il faut s'attacher soigneusement à les rassurer contre la crainte du prosélytisme chrétien.

Je ne crois pas avoir besoin de dire combien il faut prendre soin de leur prouver spécialement qu'il leur importe d'apprendre le français.

Il serait bon de leur signaler quelques résultats frappants de nos sciences. Pour l'astronomie, fille adoptive des mathématiques ses puînées, si l'on pouvait, par exemple, leur annoncer une série de phénomènes célestes visibles dans la Régence, une telle prédiction leur recommanderait au plus haut degré nos études et notre savoir. La médecine est, de toutes les sciences, celle qui peut les intéresser le plus immédiatement et le plus vivement ; il faut l'offrir à leurs désirs par l'indication des cures merveilleuses au moins pour eux, opérées sur des hommes éminens dans le pays. Les traitements de M. le docteur Giscard, chirurgien-major des Zouaves, en fournissent plusieurs exemples. Puis on leur dira : La puissance d'opérer ces sortes de miracles, la science de prévoir ainsi les mouvements des astres, on les acquiert en étudiant nos livres, en fréquentant nos écoles.

Bien que moins frappante dans ses résultats, l'hygiène aussi devra leur être particulièrement recommandée. Ils en sentiront d'autant mieux l'importance que leurs livres saints contiennent à ce sujet de nombreuses prescriptions.

Quant à l'industrie agricole, manufacturière et commerciale, il faut, ce me semble, parler aux indigènes surtout des produits que leur sol enfante naturellement, ou qu'ils ont l'habitude soit de cultiver, soit de confectionner, soit d'acheter. Pour ce qui est des cultures, des fabrications et des consommations, dont il peut importer d'introduire chez eux l'usage, c'est à nos colons européens qu'il appartient de les leur enseigner par l'exemple. L'exemple, la plus puissante des prédications, ne réussit que lentement au milieu de nos paysans français; à plus forte raison les théories scientifiques ne réussiraient-elles point maintenant avec les Arabes et les Cabaïles. Il faudra donc se borner à leur indiquer le meilleur parti qu'ils peuvent tirer de leurs richesses actuelles en les livrant à notre commerce, en les appropriant, par des soins faciles pour eux, aux besoins de nos manufactures. Il sera convenable aussi de diriger leur activité vers les productions auxiliaires, de préférence à celles qui seraient rivales de notre industrie; mais on devra néanmoins se garder de leur dissimuler, pour la réserver chétive à la France, telle industrie qui devrait prospérer chez eux.

Afin de s'éclairer dans ce choix, il sera bon de rechercher ce que notre commerce peut craindre ou espérer du développement de l'industrie dans l'ancienne Régence. J'ai sollicité des documents à cet égard, j'en ai déjà obtenu; je les tiendrai tous à la disposition des personnes qui voudront concourir.

La navigation, peu florissante dans ce pays dont le littoral est si étendu, où le bois pour la petite construction est loin de manquer, où les communications par terre seront pour long-temps si difficiles, la navigation doit être vantée aux indigènes. Leurs pères ont laissé dans ce genre d'industrie plus d'un souvenir; il en est qu'il convient de leur rappeler.

L'hospitalité, saintement recommandée chez les Musulmans, devra être l'objet d'une mention spéciale; c'est de toutes leurs vertus la plus précieuse pour nous, dans des contrées où le voyageur ne trouve ni hôtelleries, ni chemins proprement dits.

Je crois qu'il serait inopportun de parler des femmes dans la publication qui nous occupe, à moins que l'on ne se bornât à dire que chez nous, par suite de l'éducation qu'elles reçoivent, celles d'entre elles que la France peut avouer pour ses filles partagent les travaux de leurs maris, deviennent leurs soutiens les plus sûrs dans les circonstances difficiles de la vie, et sont les premières, comme les meilleures institutrices de leurs enfants en bas âge.

L'esclavage, facile à faire disparaître de l'ancienne Régence, doit être signalé non-seulement comme contraire à l'humanité, mais aussi comme peu en harmonie avec l'islamisme, puisque Mahomet, dans le Koran, dit que l'affranchissement des esclaves est une œuvre méritoire devant Dieu.

La justice n'aura pas besoin d'être beaucoup vantée auprès des pieux sectateurs de Mahomet, qui l'a qualifiée *fille de la religion.* Quoiqu'elle ait toujours été en honneur chez les Mahométans, il est bon néanmoins de rappeler aux habitants de la Régence que l'on y a remarqué la brutalité dans l'attitude et le fiel sur les lèvres de l'organe des lois; mais que dans nos mœurs françaises, pour que justice soit complète, la rigidité indispensable de certaines de ses décisions doit être adoucie et recommandée au respect, par le calme, l'onction et la dignité des magistrats qui se consacrent à son culte.

La guerre et tout ce qui la concerne, les armes, les chevaux, offrent d'attrayants sujets de conversation pour les Arabes et les Cabaïles. Puisque je viens de parler de la guerre, je ne terminerai pas sans dire, qu'à mon avis, il ne faudrait point blâmer de front la manière dont les Musulmans procèdent envers les prisonniers. Il me semble qu'il conviendrait seulement de dire que, dans sa civilisation, la France répudierait comme fait de lèse-humanité la victoire où ses guerriers auraient livré volontairement à la mort des enfants, des femmes, des blessés, des prisonniers sans défense. C'est en mettant le bien en relief qu'il faut faire disparaître le mal, son idée ou son souvenir.

Je crois qu'en général on ne devrait jamais reprocher directement, aux habitants de l'ancienne Régence, ce que l'on trouve de mauvais dans leurs habitudes; à moins que l'on ne pût le condamner par des textes précis du Koran, qui ne présentassent aucune anomalie, qui ne permissent aucune réplique. Il faut en effet éviter soigneusement toute discussion religieuse; autrement nos paroles, quelque bienveillantes qu'elles fussent, blesseraient sans corriger.

Je crois aussi que l'on ne devrait jamais parler aux Cabaïles et aux Arabes de nos qualités, de nos vertus, sans leur avouer nos défauts et nos vices; car nos défauts et nos vices n'ayant pas été offerts à leur observation moins que nos qualités et nos vertus, si l'on préconisait celles-ci en dissimulant les premiers, l'on encourrait le reproche de partialité, de déloyauté, l'on perdrait auprès d'eux toute créance. Ce n'est point en taisant, c'est en désavouant au nom de la civilisation française les fautes d'individus français, que l'on peut concilier à la France l'estime des indigènes et diminuer leur antipathie pour notre puissance.

Il conviendra que les indications contenues dans les dialogues soient très succinctes et consistent en simples formules; car le livre que nous désirons doit être un *vade-mecum* portatif et peu coûteux. En effet les Cabaïles, pas plus que les Arabes, ne sont disposés à payer cher, et nos colons n'ont pas encore fait fortune.

Loin de moi, Messieurs, la pensée d'avoir indiqué tout ce qui peut être dit utilement dans cette composition; je me suis surtout appliqué à signaler les principaux écueils. Au reste, et je ne puis trop le répéter, pour ce qui doit être évité, comme pour ce qui doit être dit, j'espère beaucoup plus de la spontanéité, de la prudence, de la sagacité des personnes qui concourront, que de mes propres conseils.

Quand, par ce premier essai, les Africains du Nord auront été initiés à nos connaissances, à nos idées, à

ce qu'il y a de bon dans nos mœurs, à leur avenir en-
fin, il restera encore bien des publications à faire pour
conduire ce peuple, aussi rapidement et aussi prudem-
ment que possible, dans la voie du progrès; mais votre
empressement, Messieurs, l'appui de deux ministères
éclairés, présages heureux que j'ai dû signaler dès le
commencement de cet entretien, me sont de sûrs ga-
rants que nous pourrons continuer une tâche, aussi
utile pour l'Afrique et pour la France, qu'elle est sainte
pour l'humanité.

IMPRIMERIE DE E. DUVERGER, RUE DE VERNEUIL, N. 4.